AF221759

Impressum
Verlag: BABADADA GmbH, Nedderfeld 112 , 22529 Hamburg
Geschäftsführer / Verlagsleitung: Harald Hof
Druck: Books on Demand GmbH, In de Tarpen 42, 22848 Norderstedt

Imprint
Publisher: BABADADA GmbH, Nedderfeld 112 , 22529 Hamburg, Germany
Managing Director / Publishing direction: Harald Hof
Print: Books on Demand GmbH, In de Tarpen 42, 22848 Norderstedt

école

دبستان

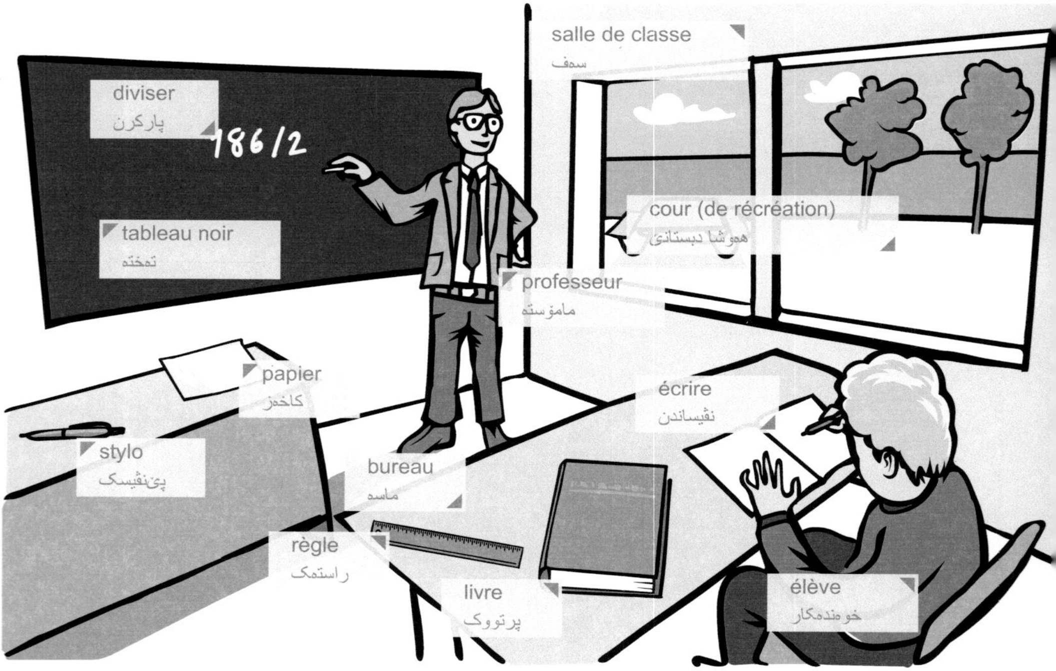

salle de classe
سەف
diviser
پارکرن
186/2
tableau noir
تەختە
cour (de récréation)
هەوشا دبستانێ
professeur
مامۆستە
papier
کاخەز
écrire
نڤیساندن
stylo
پێنڤیسک
bureau
ماسە
règle
راستەک
livre
پرتووک
élève
خوەندەکار

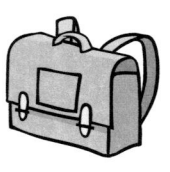

cartable

چەوال

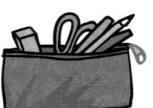

trousse

قووتی نڤیستوک

crayon

قەلەمرساس

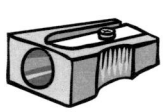

taille-crayon

نڤیستوک تووژکر

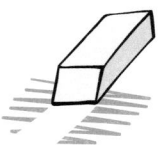

gomme

ژێبر

carnet à dessin

نڤیسکا نیگارێ

dessin

نیگار

pinceau

فرچیا رەنگێ

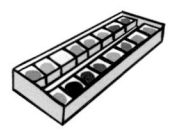

boîte de peinture

قووتی رەنگ

ciseaux

مەقەس

colle

لمزاق

cahier d'exercices

پەرتووکا فێربوون

devoirs

وەزیفا مالێ

chiffre

هەژمار

additionner

زێدەمکرن

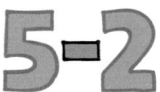

soustraire

دەرخستن

multiplier

زێدەمکرن

calculer

هەمسباندن

lettre

تیپ

alphabet

ئالفابە

mot

پەیڤ

texte

نڤیسی

lire

خواندن

craie

گەچ

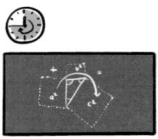

leçon

دەرس

livre de classe

قەیدکرن

examen

نیمتیهان

certificat

شمهاده

uniforme scolaire

كنجا دبستانێ

formation

پەروەردەهی

lexique

زانستنامه

université

زانینگه

microscope

میکرۆسکووپ

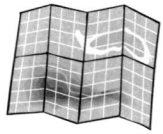

carte

خەریتە

corbeille à papier

سەپێتا کاخەزێ

voyage

رێوێتی

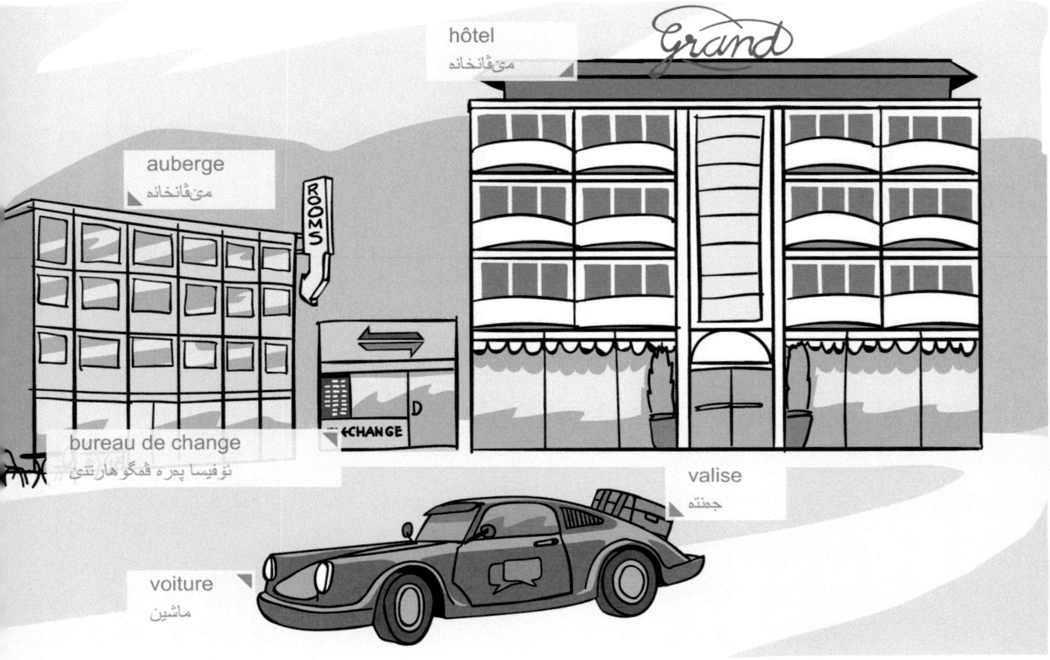
hôtel
میڤانخانە
Grand
auberge
میڤانخانە
ROOMS
bureau de change
ئۆفیسا پەرە ڤەگوهارتنێ
CHANGE
valise
جەنتە
voiture
ماشین

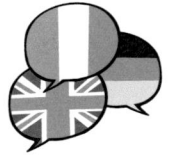

langue

زمان

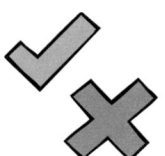

oui / non

بەلێ / نا

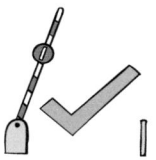

d'accord

باش

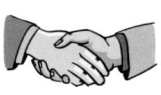

Salut

سلاڤ

interprète

وەرگێرا نڤیسکی

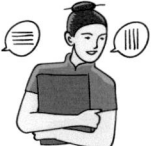

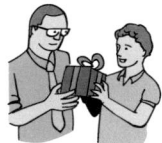

merci

سپاس

Combien coûte...?

بهايى ... چ قاسه؟

Je ne comprends pas

نمز فام ناكم

problème

نارئشه

Bonsoir !

نتۇ‌فارباش!

Bonjour !

سپێدى باش!

Bonne nuit !

شه‌و باش!

Au revoir

خاترى ته‌

direction

ئالى

bagages

هوورموور

sac

چمنته‌

sac-à-dos

چمنته پشت

hôte

مێۇ‌ان

pièce

ژوۇ‌ده

sac de couchage

جامه خه‌و

tente

چادر

office de tourisme

ناگاگیێن گەرۆکان

plage

رمخی ئافن

carte de crédit

کارتی قەرزی

petit-déjeuner

تاشتێ

déjeuner

فراڤین

dîner

شیڤ

billet

کارت

ascenseur

ئاسانسۆر

timbre

پوول

frontière

تخووب

douane

گومرک

ambassade

بالیۆزخانە

visa

ڤیزا

passeport

پاساپۆرت

transport

گوهازتن

avion
فڕۆکه

navire
گەمی

véhicule de pompiers
ئەرمبە ناگرکرووژ

bus
ئۆتۆبووس

camion
کامیۆن

bateau à moteur
پاپۆرا ماتۆری

bicyclette
دوچەرخە

voiture
ماشین

ferry

پاپۆر

barque

پاپۆر

moto

مۆتۆرسیکلێت

voiture de police

تەرمبێلا پۆلیسی

voiture de course

تەرمبێلا پێشبازیی

voiture de location

ئەرمبە کرێکرنی

auto-partage

ماشین پرفکرن

voiture de remorquage

کامیۆنا کشاندنێ

benne à ordures

کامیۆنا خوطلی

moteur

مۆتۆرسیکلێت

essence

مازۆت

station d'essence

ئیستمگهها بمنزێنێ

panneau indicateur

تابلۆیا ترافیکێ

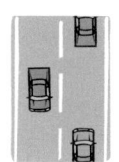

trafic

هاتنووچوون

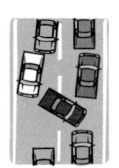

embouteillage

ترافیک

parking

جهێ پارکێ

gare

راوهستمکا ترێنێ

rails

رێچ

train

ترێن

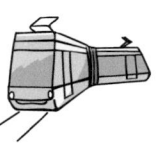

tramway

ترێنێ کۆلانێ

wagon

ئهرمبه

hélicoptère

هلیکوپتر

aéroport

بالانفرگه

tour

برج

passager

مسافر

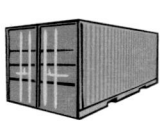

conteneur

قووتی

carton

قووتی

chariot

گرگرۆک

corbeille

سه‌ڵک

décoller / atterrir

رابوون / نیشتن

ville
باژار

village

گوند

centre-ville

ناوه‌ندا باژارى

maison

خانى

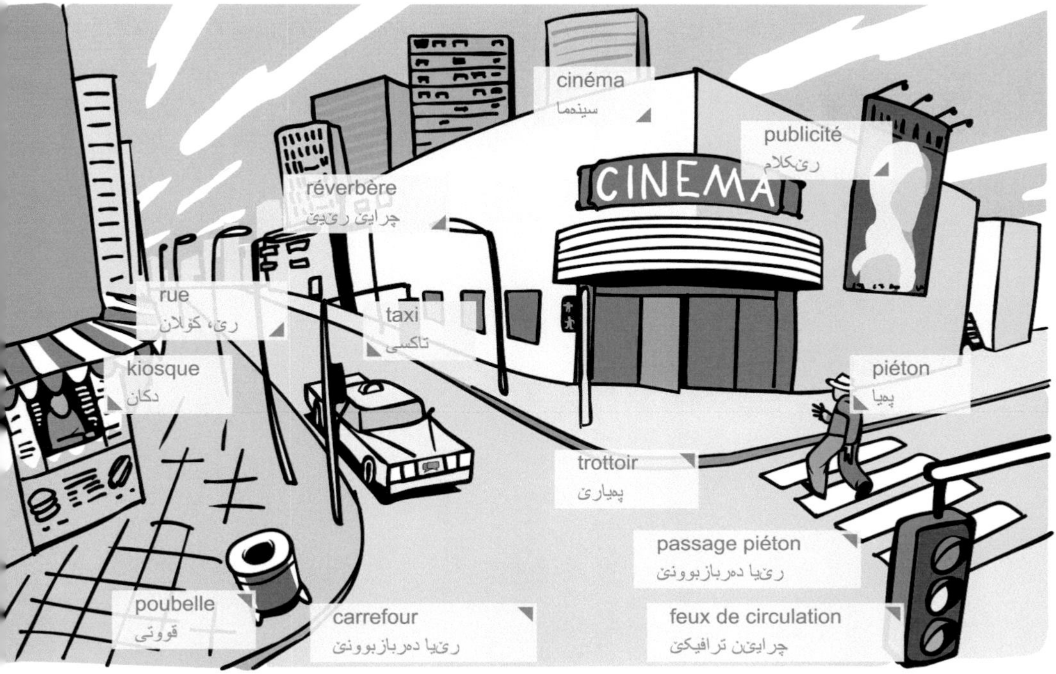
cinéma
سینەما
publicité
ڕیکلام
réverbère
چرایێ ڕێیێ
rue
ڕێ، کۆلان
taxi
تاکسی
kiosque
دکان
piéton
پەیا
trottoir
پەیارێ
passage piéton
ڕێیا دەربازبوونێ
poubelle
قووتی
carrefour
ڕێیا دەربازبوونێ
feux de circulation
چرایێن ترافیکێ

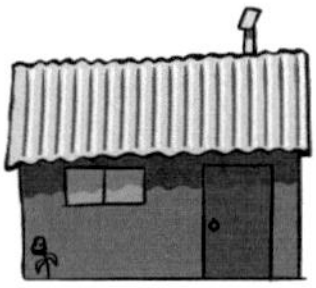

cabane

کۆخ

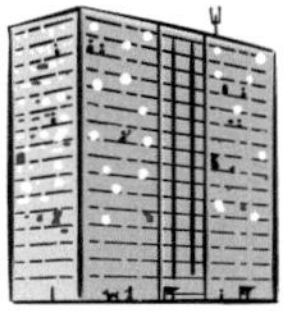

appartement

خانی

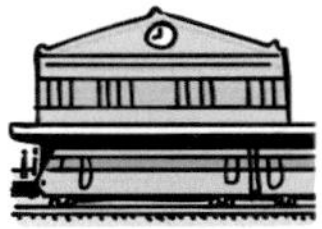

gare

راوەستەکا ترێنێ

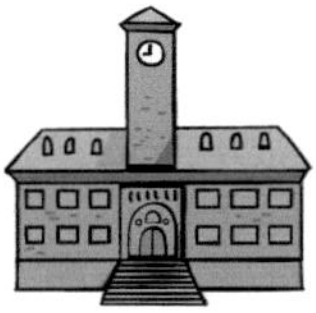

mairie

تەلارا شارەڤانی

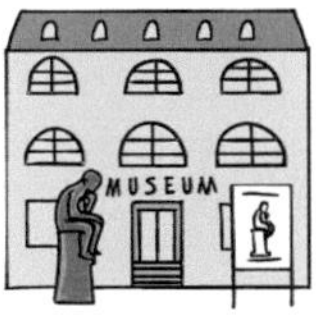

musée

مووزەخانە

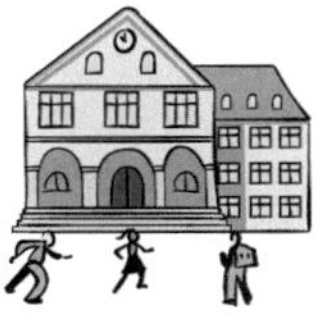

école

دبستان

université

ز انینگه

banque

بانک

hôpital

نمخوشخانه

hôtel

مێقانخانه

pharmacie

دەرمانخانه

bureau

نۆفیس

librairie

کتێبفرۆشی

magasin

دکان

fleuriste

گولفرۆش

supermarché

بازار

marché

بازار

grand magasin

سوپەرمارکەت

poissonnerie

ماسیفرۆش

centre commercial

ناوقەندا کرین

port

بەمندەر

parc

پارک

banque

سمکوو

pont

پڕ

escaliers

دەرنجە

métro

ژێر زمردی

tunnel

توننلم

arrêt de bus

ئیستگەمھا ئوتوبووس

bar

بار

restaurant

خوارنگەه

boîte à lettres

سندووقا پۆستێ

panneau indicateur

نیشاندەرکا رێیێ

parcmètre

مەترا پارکینگێ

zoo

باخچا ھەیوانان

piscine

ھەوزا مەلەڤانیێ

mosquée

مزگەفت

ferme

جوتگه‌

pollution

لموتاندنا ده‌ردۆر

cimetière

گۆرستان

église

که‌نیسه‌

aire de jeux

نه‌ردی لمیستنێ

temple

په‌رستگه‌

paysage

ته‌بیعه‌ت

feuille
گه‌لا

panneau indicateur
نیشانده‌رکا رێ

chemin
رێ

pré
مێرگ

randonneur
گه‌رزۆک

pierre
که‌فر

arbre
دار

rivière
چه‌م

herbe
گیا

fleur
کولیلک

vallée

دۆل

montagne

گر

lac

گۆل

forêt

دارستان

désert

بیابان

volcan

ڤۆلکان

château

کۆشک

arc-en-ciel

کەسکەسوور

champignon

کۆارک

palmier

دارقەسپ

moustique

مخمخک

mouche

مێش

fourmis

مێرۆ

abeille

هنگ

araignée

پیرۆ

coléoptère

كتزك

grenouille

بەق

écureuil

سمور

hérisson

ژیژوك

lièvre

كەرگوه

chouette

پەپووك

oiseau

چۆلەكە

cygne

قوو

sanglier

بەرازى كێوى

cerf

پەزكێوى

élan

پەزكێوى

barrage

بەنداو

éolienne

توربينا با

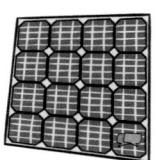

panneau solaire

پانێلا خۆرى

climat

ئاو و هەوا

restaurant

خوارنگەه

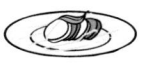

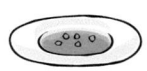

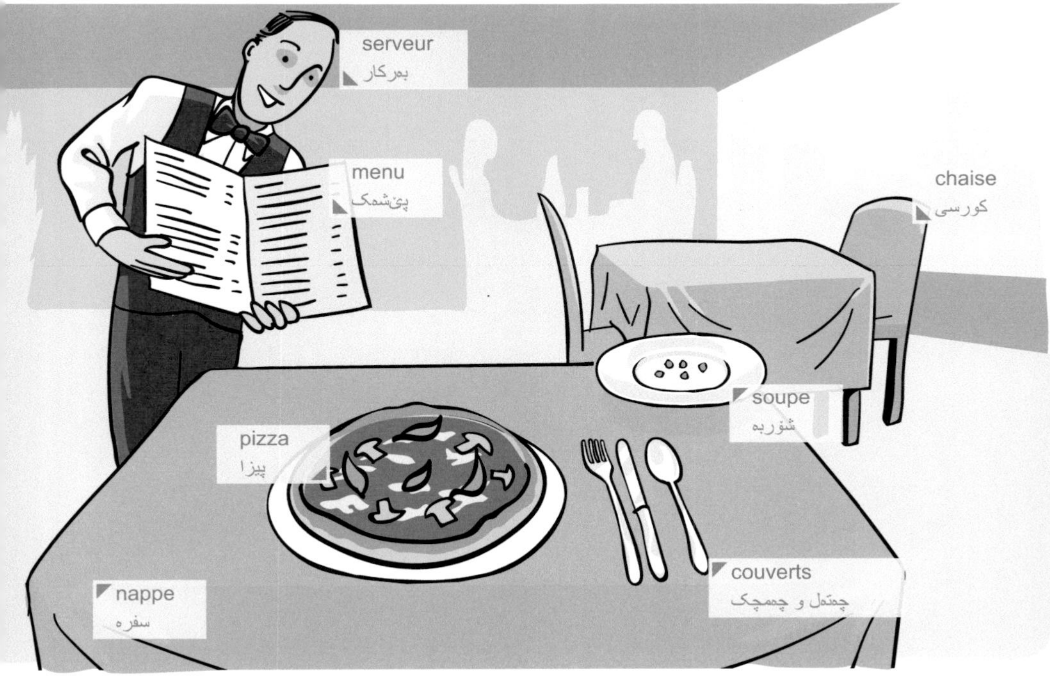

serveur
بەرکار
menu
پێشەک
chaise
کورسی
soupe
شۆربە
pizza
پیزا
couverts
چەتەڵ و چەمچک
nappe
سفرە

hors d'œuvre

خوارنا دەستپێک

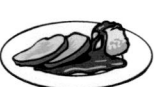

plat principal

خوارنا سەرەکی

dessert

شێرانی

boissons

ڤەخوارنان

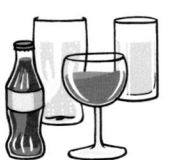

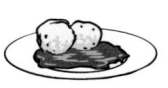

alimentation

خوارن

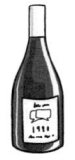

bouteille

جام

fast-food

خواردنا لمز

plats à emporter

خواردنا رئیی

théière

چایدانک

sucrier

قووتی شەکری

portion

بش

machine à expresso

ممکینا چێکرنێ ئسپرەسسۆ

chaise haute

کورسیا بلیند

facture

هەساب

plateau

سینی

couteau

کێر

fourchette

چەتەل

cuillère

کەفچی

cuillère à thé

کەفچیا چای

serviette

پێشگر

verre

قەدەمە

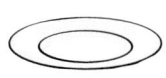

assiette

تەمیفک

assiette à soupe

تەمیفکا شۆربە

soucoupe

پیالە

sauce

چێنج

salière

خوێدانک

moulin à poivre

قووتی بیبار

vinaigre

سرکە

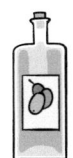

huile

ڕۆون

épices

بهارات

ketchup

کەتچاپ

moutarde

موستارد

mayonnaise

مایۆنێز

supermarché

بازار

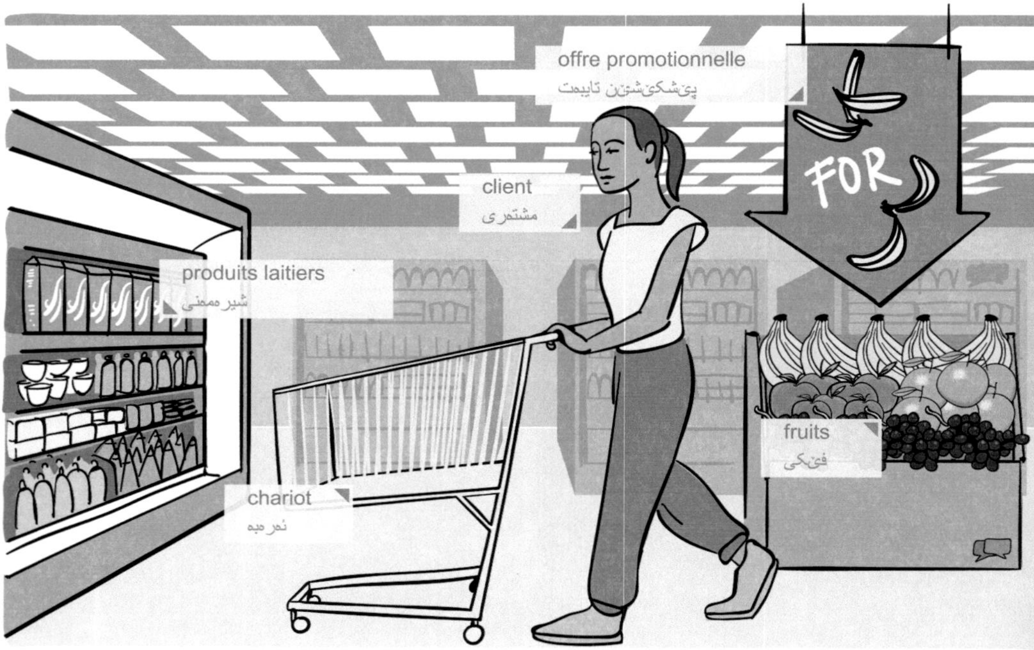

offre promotionnelle
پێشکێشێن تایبەت
FOR
client
مشتەری
produits laitiers
شیرەمەنی
fruits
فێکی
chariot
ئەرەبە

BUTCHERS

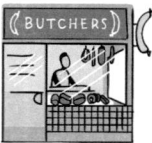

boucherie

قەسابی

BAKERY

boulangerie

دکانا نانپێژ

peser

وەزن کرن

légumes

سەبزە

viande

گوشت

aliments surgelés

خوارنێ جەمەدی

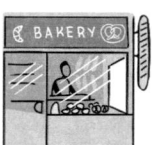

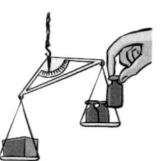

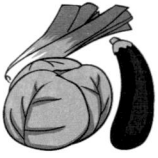

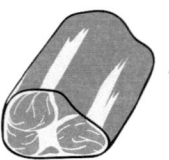

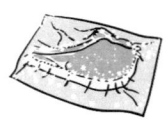

charcuterie

گۆشتئ سار

conserves

خوارنا پئلى

poudre à lessive

خوبارى پاقژکرنئ

bonbons

شرينى

articles ménagers

بەر ھەممئن ناڤخومیى

détergents

بەر ھەممئن پاقژکرنئ

vendeuse

فرۆشيار

caisse

خەزنۆک

caissier

دراڤگر

liste d'achats

ليستا کرينئ

heures d'ouverture

دەمئن قەمکرى

portefeuille

جزدان

carte de crédit

کارتئ قەمرزرئ

sac

چمال

sac en plastique

چەمتە

eau

ئاو

jus de fruit

شەربەت

lait

شیر

coca

کۆلا

vin

شەراب

bière

بیرا

alcool

ئالکۆل

chocolat chaud

کاکۆ

thé

چای

café

قەهوە

expresso

ئێسپرێسۆ

cappuccino

کاپۆچینۆ

banane

مؤز

pomme

سیب

orange

پرتقالی

melon

گوندور

citron

لیمون

carotte

گزر

ail

سیر

bambou

قامر

oignon

پیاز

champignon

قارچک

noisettes

گویز

pâtes

شهیره

spaghetti

سپاگێتتی

riz

برنج

salade

سەلەتە

pommes frites

چپس

pommes de terre rôties

پەتەتەیا براشتی

pizza

پیزا

hamburger

هامبورگەر

sandwich

نانۆک

escalope

گۆشتێ ستوویی بەرخی

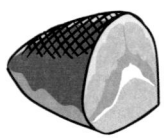

jambon

گۆشتێ هشككری

salami

سالامی

saucisse

سۆسیس

poulet

مریشک

rôti

بژارتن

poisson

ماسی

flocons d'avoine

شۆربە بلوول

muesli

مووسلی

cornflakes

کۆرتێن گلگلان

farine

ئارد

croissant

کرۆسسانت

petits-pains

سەموون

pain

نان

pain grillé

تۆست

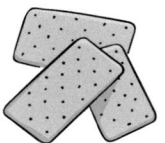

biscuits

نانک

beurre

کەرەبۆ

le fromage blanc

ماست

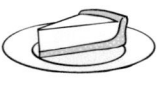

gâteau

کولیچە

œuf

هێک

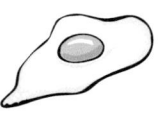

œuf au plat

هێکا قەڵاندی

fromage

پەنیر

glace

مرەدنتۆد

sucre

شەكر

miel

هەنگڤ

confiture

مرەبا

crème nougat

خامەیا نۆوگات

curry

كورری

ferme

جۆتگەه

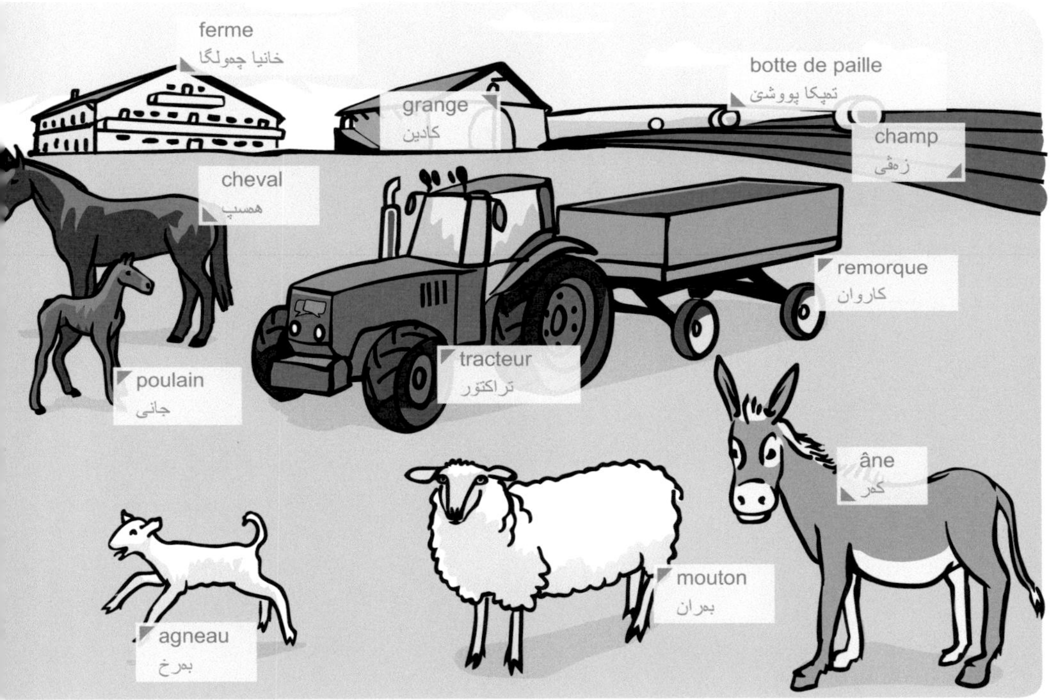
ferme
خانیا چەولگا
grange
کادین
botte de paille
تەپکا پووشێ
champ
زەڤی
cheval
هەسپ
remorque
کاروان
tracteur
تراکتور
poulain
جانی
âne
کەر
mouton
بەران
agneau
بەرخ

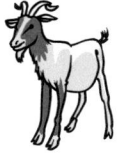

chèvre

بزن

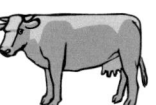

vache

چێلەک

veau

گۆلک

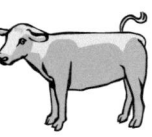

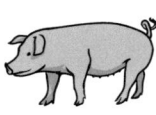

porc

بەراز

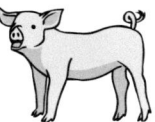

porcelet

خنزیرک

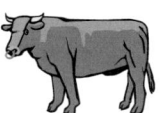

taureau

بۆخە

oie

قاز

canard

مرافى

poussin

جووچک

poule

مريشک

coq

کەڵەشێر

rat

جرج

chat

کتک

souris

مشک

bœuf

گا

chien

کووچک

chenil

خانیا کووچکئ

tuyau de jardin

خانى باخئ

arrosoir

قووتیکا ناقذانئ

faucheuse

شالووک

charrue

گاسن

faucille

داس

pioche

مەربێر

fourche

دارساپک

hache

بڕ

brouette

دەستگەرە

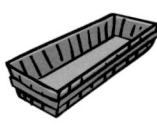

cuve

قووتی خوارنا جانداران

pot à lait

قووتی شیر

sac

تووڕ

clôture

چپیر

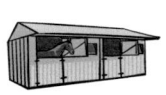

étable

ناخور

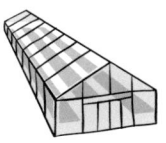

serre

خانا کولیلکان

sol

ناخ

semences

دەمندک

engrais

پەین

moissonneuse-batteuse

کۆمباین

récolter

د ا ز

récolte

د ا ز

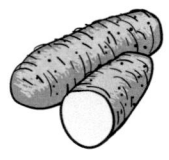

igname

پهتهته

blé

گنم

soja

فاسۆلی

pomme de terre

پهتهته

maïs

دهخل

colza

دندک

arbre fruitier

داری ئ فێکی

manioc

سیۆفی بن ئەردئ

céréales

د ا ز

maison

خانی

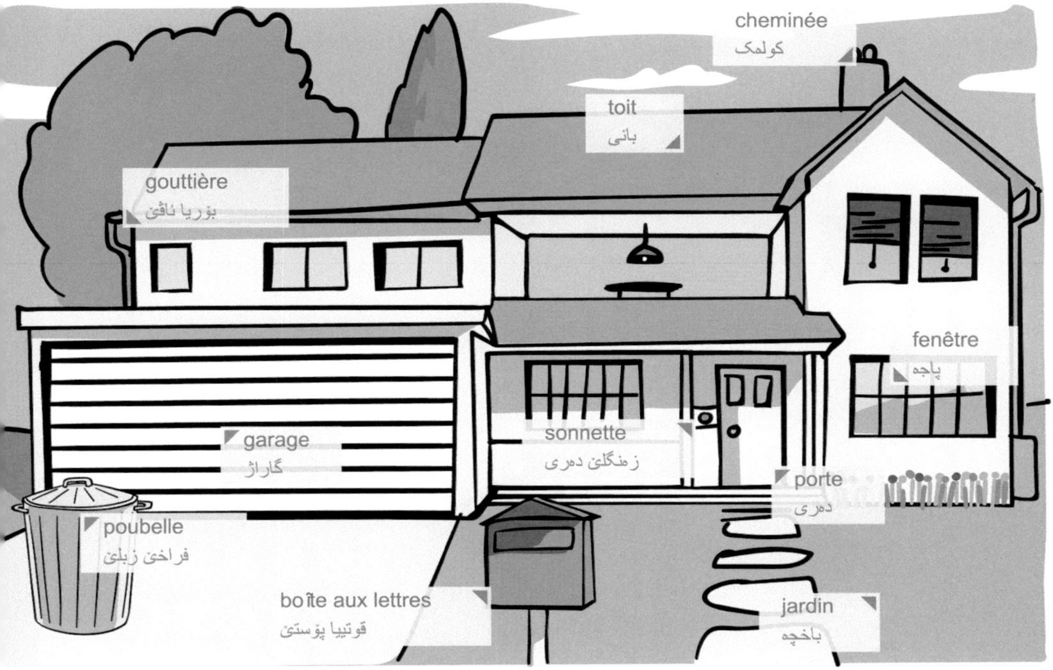
cheminée
کولمک
toit
بانی
gouttière
بۆریا ئاڤێ
fenêtre
پاجه
garage
گاراژ
sonnette
زەنگلێ دەری
porte
دەری
poubelle
فراخێ زبلێ
boîte aux lettres
قوتیبا پۆستێ
jardin
باخچه

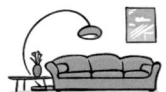

salon

ئۆدا روونشتنێ

salle de bain

هەمام

cuisine

مەتبەخ

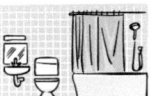

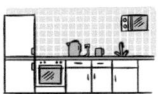

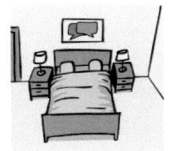

chambre à coucher

ئۆدا خەوێ

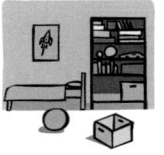

chambre d'enfant

ئۆدەیا زارۆک

salle à manger

ئۆدا شیڤێ

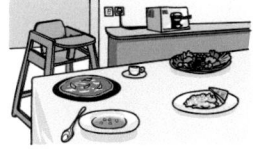

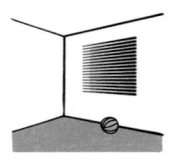

sol

بنی

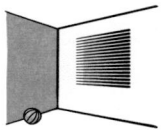

mur

دیوار

plafond

بمربان

cave

خمنزک

sauna

ساونا

balcon

بالکون

terrasse

بمردانک

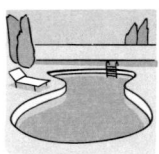

piscine

هموزا مطحقانی

tondeuse à gazon

چیمعن بر

housse

مملهمفد

couette

پمتانی

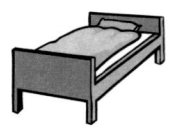

lit

نقین

balai

گمزک

sceau

سانل

interrupteur

کلیل

salon

ئۆدا روونشتنێ

papier peint
كاخەزێ دیوار
image
وێنە
lampe
لامپا
étagère
رەف
armoire
دۆلاب
télé
تەلەفیسیۆن
cheminée
ئاگردان
fleur
كولیلک
coussin
سەرین
sofa
قەنەپە
vase
گولدانک
télécommande
كۆنترۆلا دوور

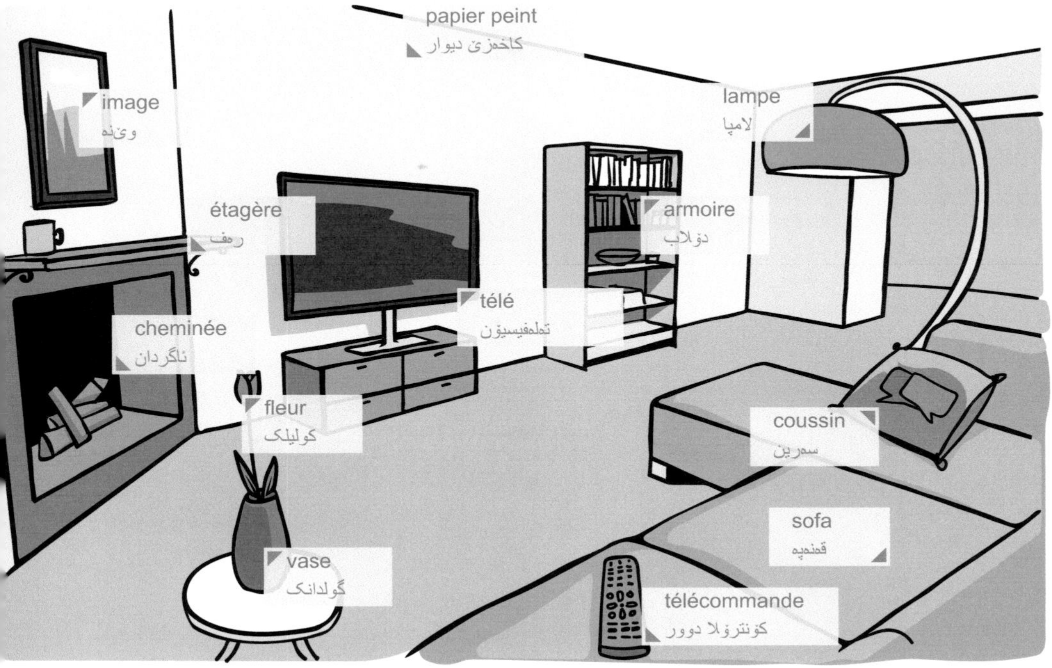

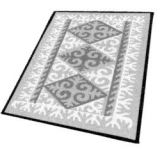

tapis

خالیچە

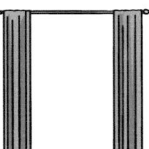

rideau

پەردە

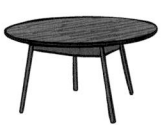

table

مێز

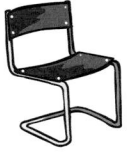

chaise

كورسی

chaise à bascule

كورسیا هەژانۆک

fauteuil

كورسی

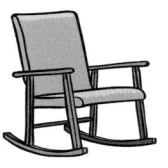

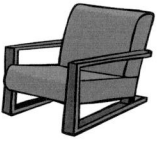

livre

پرتووک

couverture

بەتانی

décoration

خەملاندن

bois de chauffage

ئێزنگ

film

فیلم

chaîne hi-fi

هـ-ف

clé

کلیل

journal

رۆژنامە

peinture

نیگار

poster

پۆستەر

radio

رادیۆ

bloc-notes

دەفتەر

aspirateur

سڤتکا نەلمەکترریکی

cactus

کاکتووس

bougie

مۆم

cuisine
مەتبەخ

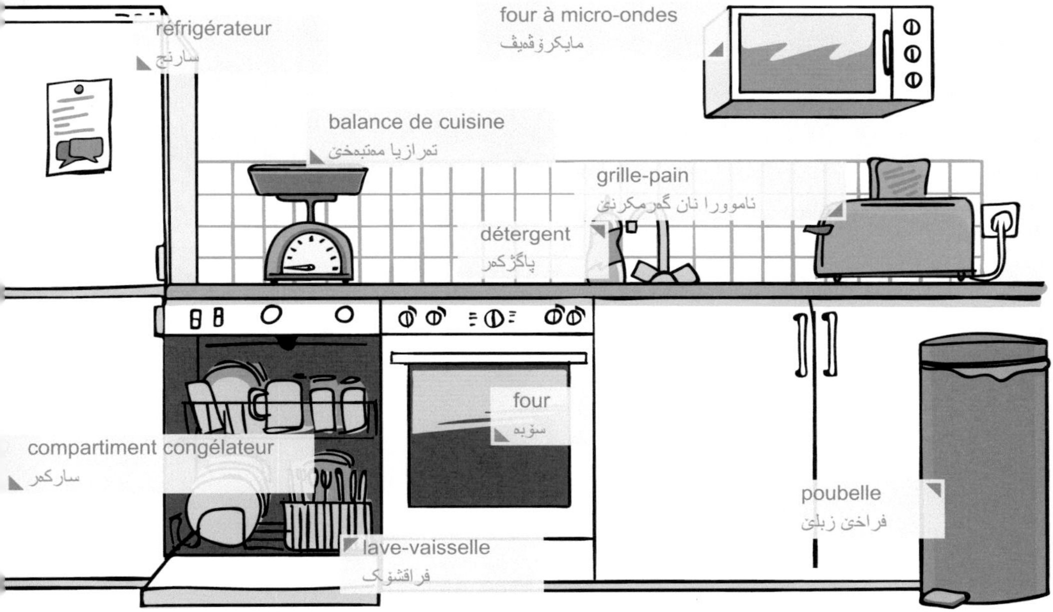
réfrigérateur
سارنج
four à micro-ondes
مایکرۆڤەیڤ
balance de cuisine
تەرازیا مەتبەخێ
grille-pain
ناموورا نان گەرمکرنێ
détergent
پاگژکەر
four
سۆبە
compartiment congélateur
سارکەر
poubelle
فراخێ زبلێ
lave-vaisselle
فراقشۆک

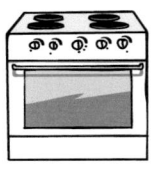

four

سۆبە

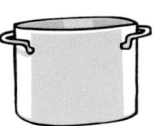

casserole

ئامان

marmite

ئامانێ نووتوو

wok / kadai

فراقێ مەزن

poêle

دیزک

bouilloire electrique

کەلینک

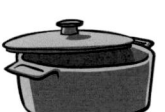

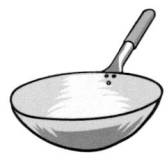

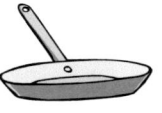

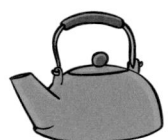

cuiseur vapeur

فراقێ هلمێ

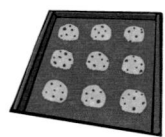

plaque de cuisson

سێنی نانێ

vaisselle

فراق

gobelet

پیاله

coupe

کاسک

baguettes

دارێ نانخوارن

louche

هەسک

spatule

کەفچیا ممزن

fouet

رینمک

passoire

کەفگیر

tamis

بێژنگ

râpe

رێشکەر

mortier

دمستار

barbecue

براشتن

cheminée

ناگرێ ئاڵا

planche à découper

تەختەیا بڕینێ

rouleau à pâtisserie

داركێ تیرێ

tire-bouchon

دەفک بادەک

boîte

قووتی

ouvre-boîte

قووتیڤەمکر

maniques

جاوی ئامانان

lavabo

دەستشۆ

brosse

فرچە

éponge

پارازۆرا

mixeur

تەفشێزر

congélateur

ساركرێ جممەدی

biberon

شووشە بمجکان

robinet

هەنەفی

salle de bain

هەمام

douche
دووش
chauffage
گەرمژانک
serviette
خاولی
rideau de douche
پەردەیا هەمامێ
bain moussant
کەفێ هەمام
baignoire
هەوزا هەمام
verre
قەدەه
machine à laver
جلشۆک
robinet
هەنەفی
carrelage
ئاجوور
pot
توالەتا زارۆکان
lavabo
دەستشۆ

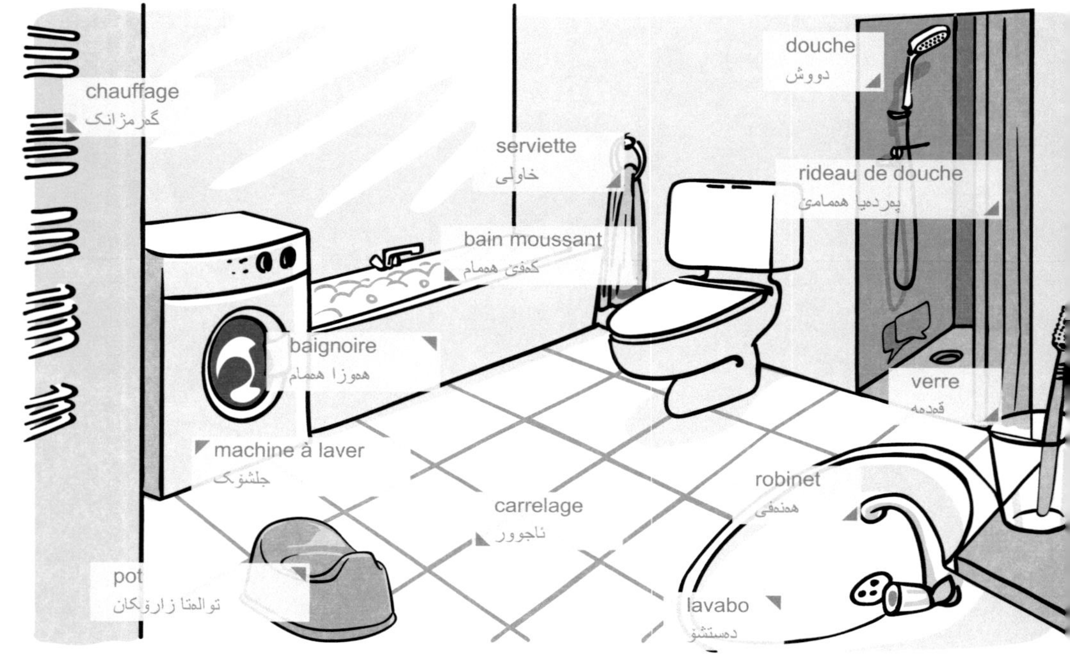

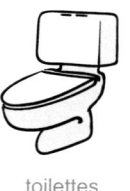

toilettes

تواڵەت

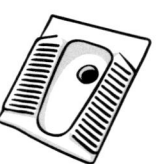

toilette à la turque

توالەتا ئەردی

bidet

توالەت

urinoir

ئاڤدەستخانا مێزران

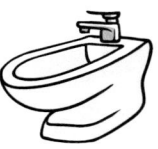

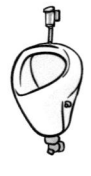

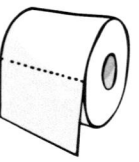

papier toilette

کاخەزا توالەت

brosse à toilette

فرشەیا توالەت

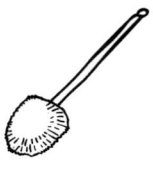

brosse à dents

فرچیا دران

dentifrice

ممجوونا دران

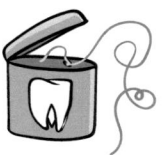

fil dentaire

نمخا ددان

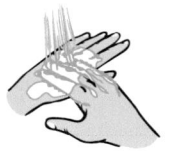

laver

شووشتن

douche manuelle

دووشی دهستێ

douche intime

دووش

vasque

دهستشۆ

brosse dorsale

فرچا پشت

savon

سابوون

gel douche

جێلی هممام

shampooing

شامپۆ

gant de toilette

فانیله

écoulement

زێراب

crème

کرێم

déodorant

بێهن خوشكر

miroir

مرێک

miroir cosmétique

مرێکا دەستێ

rasoir

گووزان

mousse à raser

کەفێ تەراشینێ

après-rasage

ممجوونا پشتی تەراشینێ

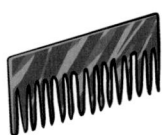

peigne

شەه

brosse

فرچە

sèche-cheveux

پۆر هیشککر

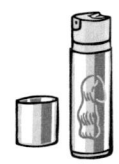

laque pour cheveux

سپرایا پۆرێ

fond de teint

کۆزمەتێک

rouge à lèvres

سۆرافک

vernis à ongles

رەنگێ نینۆک

ouate

پەمبوو

coupe-ongles

مەقسەستا نینۆک

parfum

پارفووم

trousse de toilette

چموالئ هممامئ

tabouret

کورسیا بێپێشت

pèse-personne

تەرازی

peignoir

کنجا هممامئ

gants de nettoyage

لپکا لاستیکئ

tampon

تامپۆن

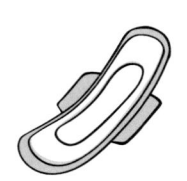

serviettes hygiéniques

خاولیا پاقژکرنئ

toilette chimique

توالێتا کیمییەوی

chambre d'enfant

ئۆدەیا زارۆک

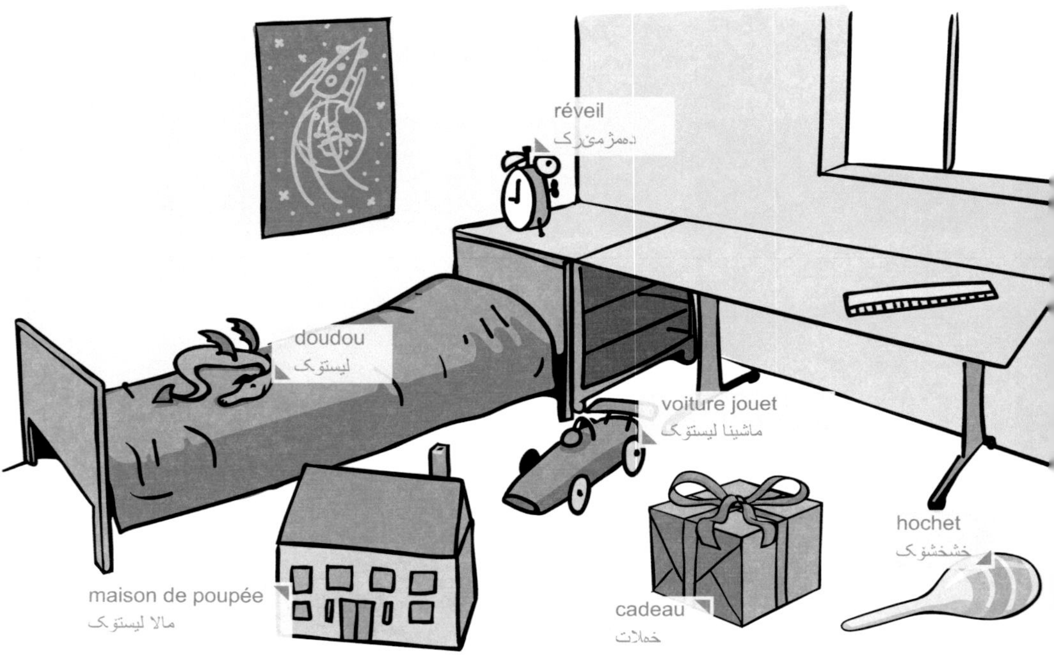
réveil
دەمژمێرک
doudou
لیستوک
voiture jouet
ماشینا لیستوک
hochet
خشخشوک
maison de poupée
مالا لیستوک
cadeau
خەلات

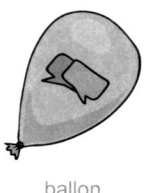

ballon

پفدانک

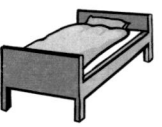

lit

نڤین

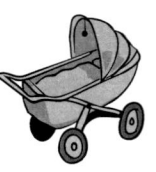

poussette

کۆچک

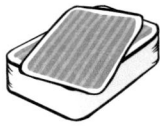

jeu de cartes

لیستکا کارتێ

puzzle

فریزبی

SUPER
MEGA

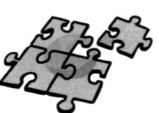

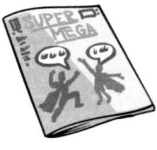

bande dessinée

کۆمیک

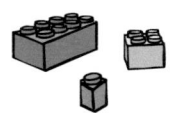

pièces lego

ناجوورا لێگۆ

blocs de construction

ناجوورا لیستۆک

figurine

بووکه شووشه

grenouillère

کنجا ببکان

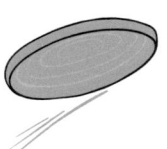

frisbee

فرزبی

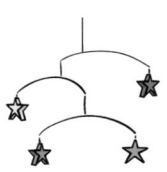

mobile

قمگو همستن

jeu de société

لیستکێن تەمختە

dé

مۆر

train miniature

مۆدێلا ترێنێ

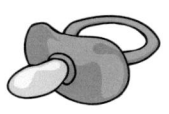

sucette

ممک

fête

جەژن

livre d'images

کتێبا وێنه

balle

تۆپ

poupée

بووکه شووشه

jouer

لەیستن

bac à sable

کونا خیزی

balançoire

جۆلانه

jouets

لیستۆکان

console de jeu

لیستکا ڤیدەۆیی

tricycle

سێچەرخه

ours en peluche

هرجا لیستۆک

armoire

جلدانک

chaussettes

گۆره

bas

گۆره

collant

دەرپێیگۆرێ

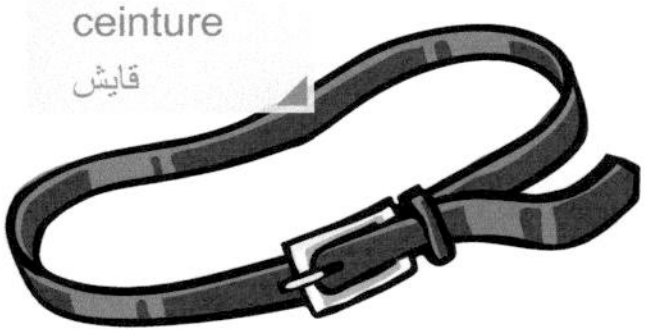

écharpe
شال

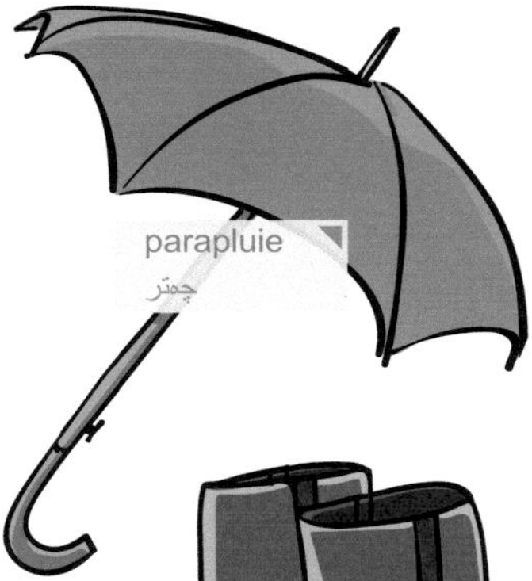

parapluie
چەتر

t-shirt
كراس

ceinture
قایش

bottes
شمكال

pantoufles
سۆلكئ ناف مالئ

baskets
سۆلك

sandales
سۆلك

chaussures
سۆل

bottes de caoutchouc
پۆتینا چدرمئ

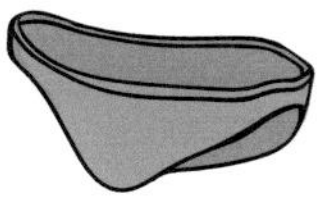

sous-vêtements
پاننۆلئ ژئر

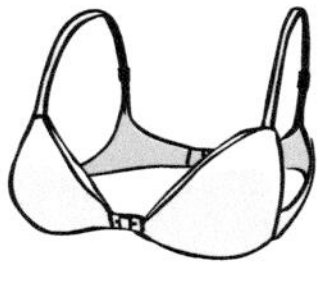

soutien-gorge
پئ‌سیربەند

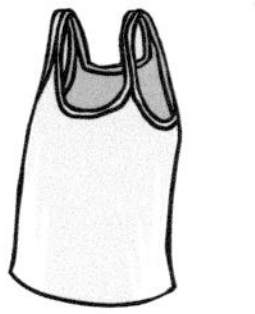

maillot de corps
چمكبمند

body

جمندمک

pantalon

پانتۆل

jean

ژ مانس

jupe

دامان

chemisier

كر اس

chemise

كر اس

pull

فانیله

sweat à capuche

فانیله

veste

جاكێت

veste

ساكۆ

manteau

چاكمت

imperméable

بارانی

costume

لمباس

robe

فیستان

robe de mariée

جلئ داوەتئ

costume

چاکیت

chemise de nuit

پیژامه

pyjama

پیژامه

sari

ساری

foulard

لمچک

turban

مێزەر

burqa

مارەی

caftan

كافتان

abaya

ئەبا

maillot de bain

کنجا ناژنێکرن

maillot de bain

جلکا مەلەۆانی

short

شۆرت

tenue d'entraînement

جلا هەۆقوژكاری

tablier

پێشمال

gants

لمپک

bouton

مەگوود

lunettes

کۆچارمب

bracelet

بازن

collier

گەردەنی

bague

گوستیل

boucle d'oreille

گوهارک

bonnet

کفۆد

cintre

کەمتفڵاه

chapeau

کووم

cravate

کراوات

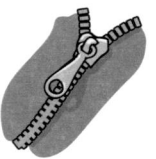

fermeture éclair

زیپ

casque

زیراپرەس

bretelles

زرەد

uniforme scolaire

کنجا دبستانئ

uniforme

یوونیفۆرم

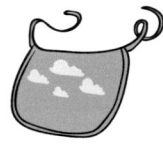

bavoir
بەردلک

sucette
مەمک

lange
پونداخ

bureau
ئۆفیس

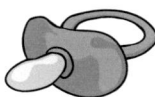

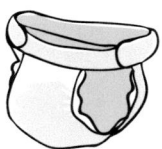

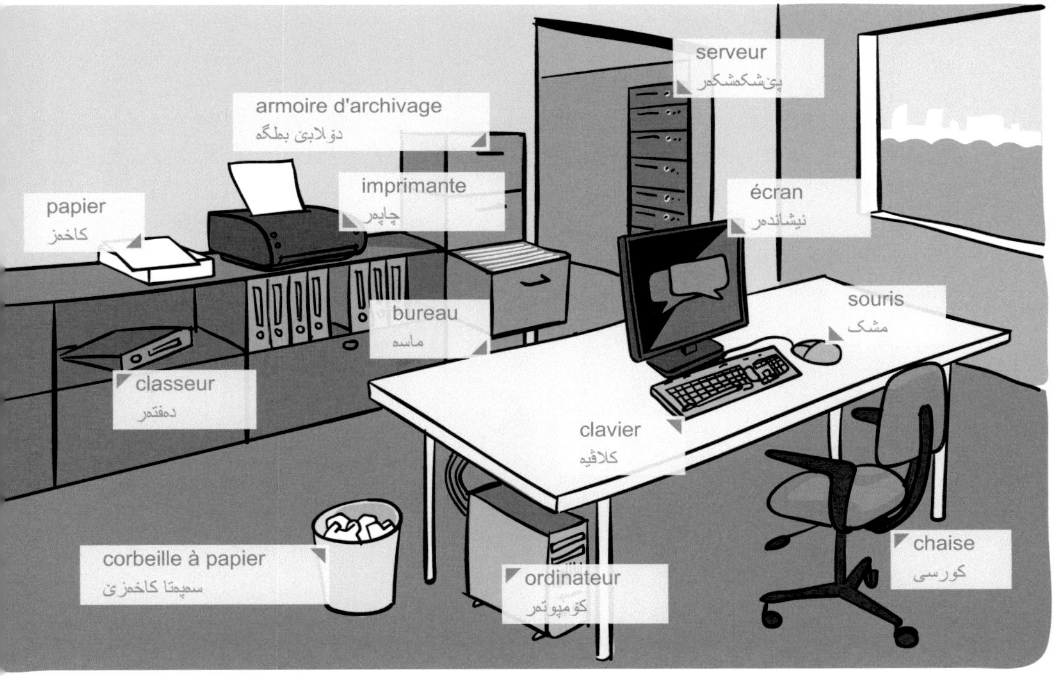
serveur
پێشکەشکەر
armoire d'archivage
دۆلابی بەڵگە
imprimante
چاپەر
papier
کاغەز
écran
نیشاندەر
bureau
ماسە
souris
مشک
classeur
دەفتەر
clavier
کلاڤیە
corbeille à papier
سەپەتا کاغەزێ
ordinateur
کۆمپیوتەر
chaise
کورسی

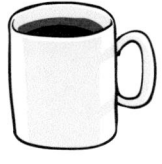

tasse de café
کاسکا قەهوە

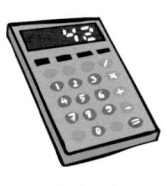

calculatrice
هەسابکەر

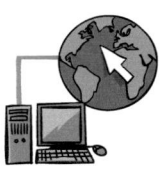

internet
ئینتەرنەت

ordinateur portable

كومپيوتمرا لاپتوپ

lettre

نامه

message

پەيام

portable

تەلەفونا مۆبيل

réseau

تۆر

photocopieuse

ممكينا فۆتۆكۆپيى

logiciel

سۆفتوارە

téléphone

تەلەفون

prise

سۆجكەتا فيشمەك

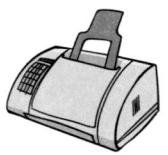

fax

ممكينا فاخنى

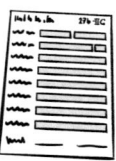

formulaire

فۆرم

document

بەلگە

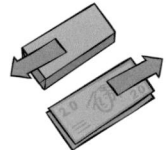
acheter

كرين

payer

پەرە دان

faire du commerce

بازرگانی

monnaie

پەرە

dollar

دۆلار

euro

يورۆ

yen

يێنی ژاپۆنی

rouble

رۆبڵی روسی

franc suisse

فرانکی سویسی

renminbi yuan

يواني چينی

roupie

روپی هندی

distributeur automatique

فاردەمبەخۆ ژ ئامێككەم

bureau de change

نۆقىسا پەرە قىلگوھارتتى

or

زەر

argent

زىڭ

pétrole

نەفىت

énergie

ەزە و

prix

بها

contrat

پەيمان

taxe

خاج

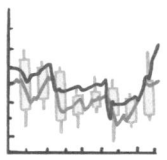

action

سەھام

travailler

كاركرن

employé

كاركمر

employeur

كاردا

usine

فابرىكا

magasin

دكان

professions

پرۆفەسیۆن

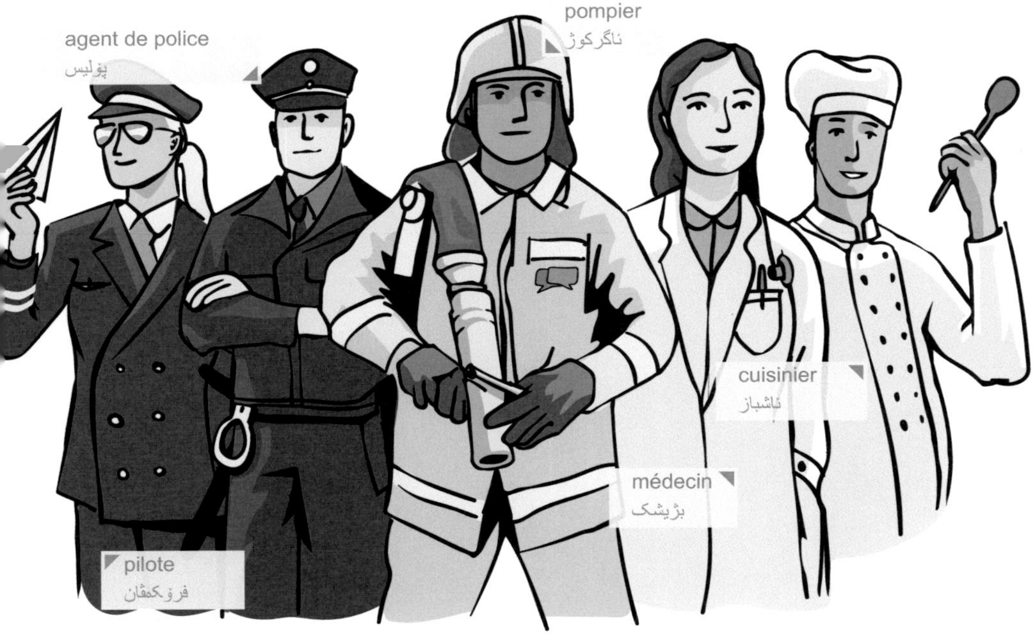

agent de police
پۆلیس
pompier
ئاگرکوژ
cuisinier
ئاشباز
médecin
بژیشک
pilote
فرۆکەڤان

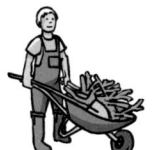

jardinier

باخچەڤان

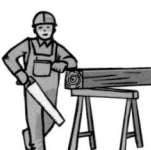

menuisier

نەجار

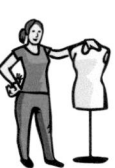

couturière

دروونڤان

juge

هاکم

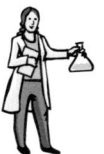

chimiste

شیمیازان

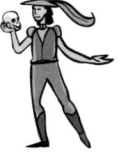

acteur

شانۆگەر

conducteur de bus

شوفێری باسی

chauffeur de taxi

شوفێرمکی تاکسیێ

pêcheur

ماسیقان

femme de ménage

پاکژکەر

couvreur

چێنکری بانی

serveur

بەرکار

chasseur

نێچرڤان

peintre

رەنگرێس

boulanger

نانپێژ

électricien

کارەباقان

ouvrier

ناڤاکەر

ingénieur

ئەندەزیار

boucher

قەساب

plombier

لولەمکار

facteur

پۆستەقان

soldat

ﺋﻪﺳﻜﻪﺭ

architecte

ﻣﯿﻤﺎﺭ

caissier

ﺩﺭﺍﻗﮕﺮ

fleuriste

ﻓﺮۆﺗﻜﺎﺭﺍ ﭼﯿﭽﻪﻛﺎﻥ

coiffeur

ﭘۆﺭﭼﻨﻪﻛﻪﺭ

contrôleur

ﻧﺎژۆﭬﺎﻥ

mécanicien

ﻣﻤﻜﺎﻧﯿﻚ

capitaine

ﻛﻪﺷﺘﯿﭭﺎﻥ

dentiste

ﭘﺰﯾﺸﻜﺎ ﺩﺩﺍﻧﺎﻥ

scientifique

ﺯﺍﻧﺴﺘﯿﺎﺭ

rabbin

ﺭﻭﻭﻫﺎﻥ

imam

ﺋﯿﻤﺎﻡ

moine

ﻛﻪﺷﻪ

prêtre

ﻛﻪﺷﯿﺶ

outils

ئامووران

marteau
چەکووچ
pinces
مووچینگ
tournevis
جەربادەر
clé
ئاچەر
torche
دارا چرا

pelleteuse

شۆفەل

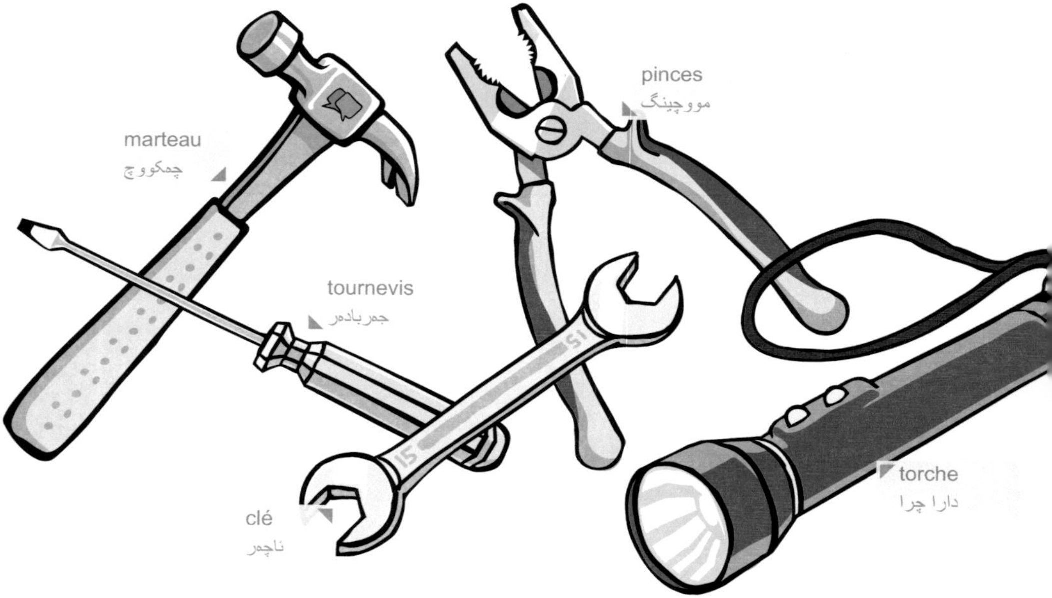

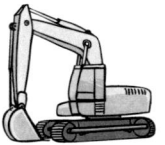

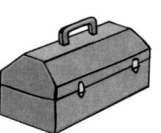

boîte à outils

قووتیا ئامووران

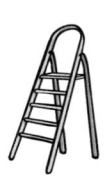

échelle

پەیژە

scie

مشار

clous

میخ

perceuse

قولکرن

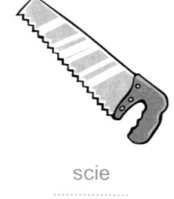

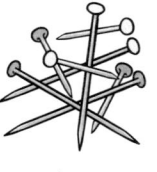

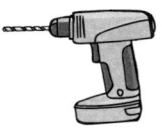

réparer

چێككرن

pelle

ممرێتر

Mince !

نالمت!

pelle

بێل

pot de peinture

قووتيا رهنگێ

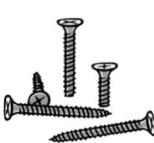

vis

جمر

instruments de musique

ئامووریٚن مووزیکیٚ

haut-parleurs

بلیندگۆ

batterie

كومیٚ دمهۆل

guitare

گیتار

contrebasse

جۆرهيا گیتار

trompette

زرنا

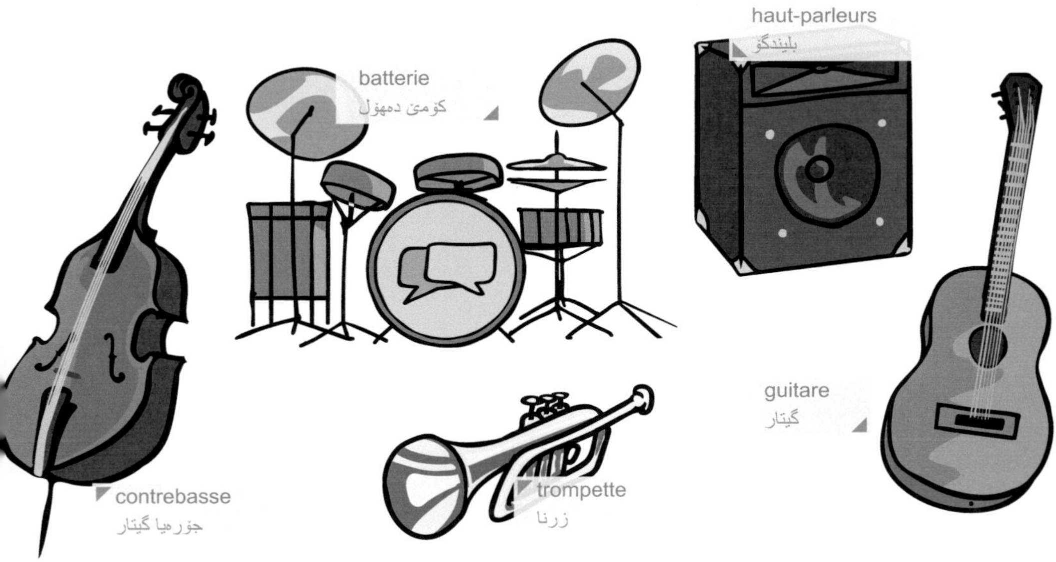

piano

پیانۆ

violon

ڤیۆلین

basse

باس

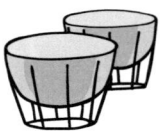

timbales

دەمهۆڵ

tambour

داهۆڵ

piano électrique

کمپیوتەر دارد

saxophone

ساکسۆفۆن

flûte

بلوور

microphone

میکرۆفۆن

ZOO

باخچا هەیوانان

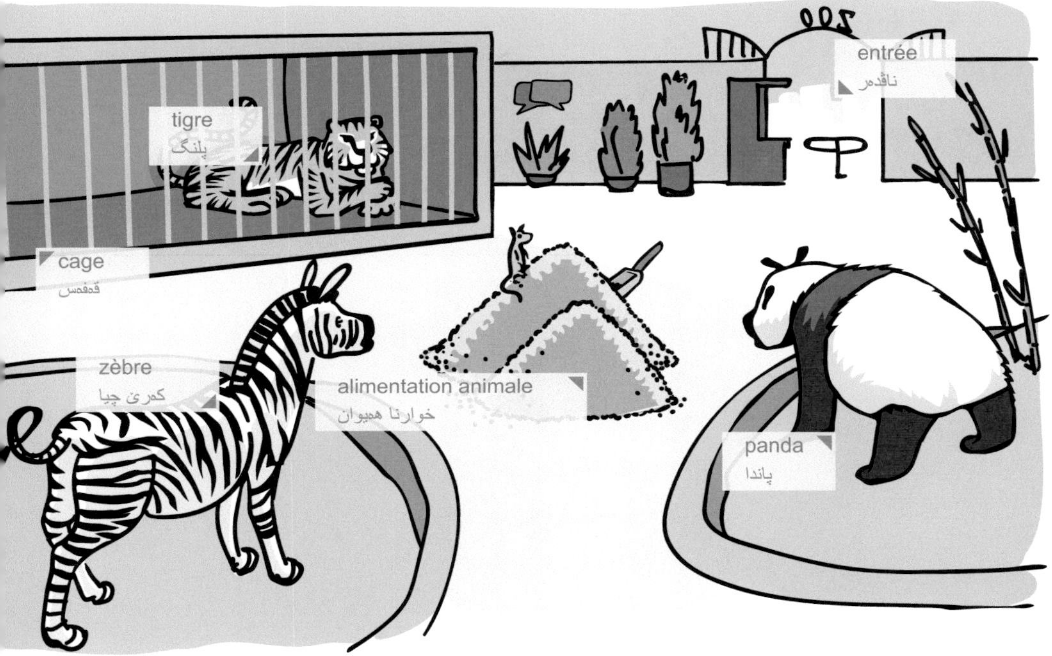

entrée
ناڤدەر
tigre
پلنگ
cage
قەفەس
zèbre
کەرێ چیا
alimentation animale
خوارنا هەیوان
panda
پاندا

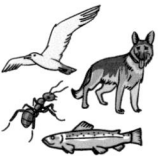

animaux

هەیوان

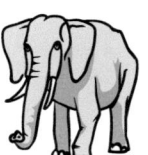

éléphant

فیل

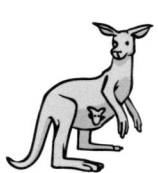

kangourou

کانگاروو

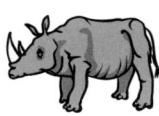

rhinocéros

کەرکەدەن

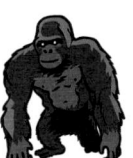

gorille

گۆریل

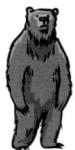

ours

هرچ

chameau

هیشتر

autruche

هیشترمہ

lion

شیر

singe

میموون

flamand rose

فلامینگو

perroquet

پاپاخان

ours polaire

هرچا جدمسدری

pingouin

پمنگوین

requin

سمملسی

paon

تاووس

serpent

مار

crocodile

تمساه

gardien de zoo

پاریزمرا باخچا ناژالان

phoque

سمیا دہریا

jaguar

پلنگ

60

poney

همسپ

léopard

پلنگ

hippopotame

همسپێ روۆبار

girafe

جانهیئشتر

aigle

هملۆ

sanglier

بەرازی کۆڤی

poisson

ماسی

tortue

کووسی

morse

والراس

renard

رێۆڤی

gazelle

خەزال

american Football
فووتبۆلی ئامریکا

cyclisme
بسکلێتان

tennis
تەنیس

basket-ball
باسکێتبۆل

natation
ناقژەنیکرن

boxe
بۆخنگ

hockey sur glace
هۆکەیا سەر جەمەدی

football
فووتبۆل

badminton
بادمنتۆن

athlétisme
یی ناتلمتیزمێ

handball
هەمندبۆل

ski
بەفراژۆتن

polo
پۆلۆ

sauter
هلپمکه

rire
کەنین

embrasser
هەمبێز

chanter
لاوژه گوتن

marcher
بڕۆقەچوون

prier
نوێژ کردن

faire la bise
ماچکردن

rêver
خەون دیتن

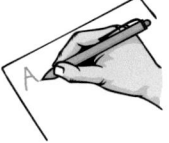

écrire

نووسین

dessiner

نیگار کێشان

montrer

نیشان دان

pousser

پاڵدان

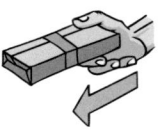

donner

دایین

prendre

راکرن

avoir

هەمبێز

faire

کرن

être

بوون

être debout

سمکنین

courir

بازدان

trier

کشاندن

jeter

ناوقێتن

tomber

کمتن

être couché

دمەو کرن

attendre

سمکنین

porter

گوهەزتن

être assis

روونشتن

s'habiller

جل بەرکرن

dormir

رازان

se réveiller

رایبوون

regarder

مێزه‌ كرن

pleurer

گرین

caresser

جملته‌

peigner

شه‌ كرن

parler

په‌نیڤین

comprendre

فامكرن

demander

پرسكرن

écouter

بهیستن

boire

قه‌مخوارن

manger

خوارن

ranger

كۆم كرن

aimer

هه‌زكرن

cuire

خوارن چێكرن

conduire

ناژۆتن

voler

فرین

faire de la voile

کەشتیڕانی

calculer

هەمژماردن

lire

خواندن

apprendre

هێنبوون

travailler

کارکرن

se marier

زەوجین

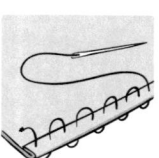

coudre

درووتن

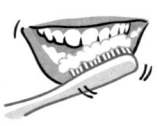

brosser les dents

ددان شووتن

tuer

کوشتن

fumer

دووخان

envoyer

شاندن

grand-mère
داپير

grand-père
باپير

père
باف

mère
دئ

bébé
کميمب

fille
کمڅ

fils
کور

hôte

متزفان

tante

تمم

oncle

ناپ/خال

frère

ا رب

sœur

خوشل

corps

بەدەن

front
ئەنی
œil
چاڤ
visage
روو
menton
زەنی
poitrine
سینگ
doigt
تلی
main
دەست
bras
پیل
épaule
مل
jambe
لنگ

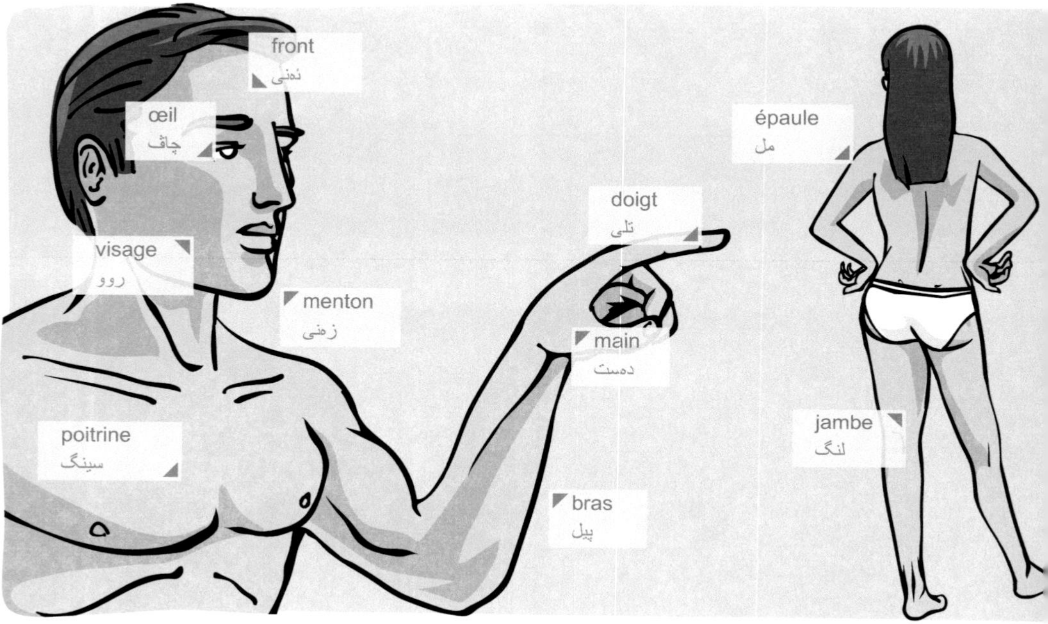

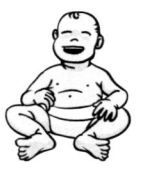

bébé
بەبەک

homme
مێر

femme
ژن

fille
کەچ

garçon
کۆر

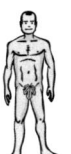

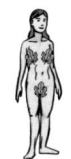

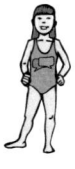

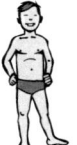

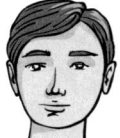

tête
سەر

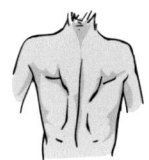

dos

پشت

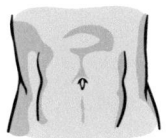

ventre

زک

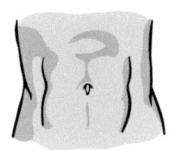

nombril

ناڤک

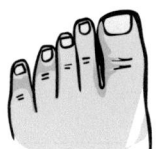

orteil

تلییا پێ

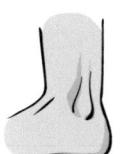

talon

پانی

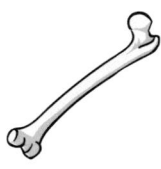

os

همستی

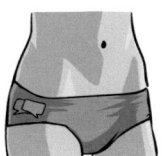

hanche

کوولیممک

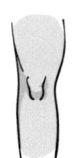

genou

ژوونی

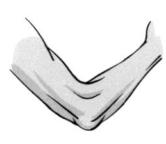

coude

ئمنیشک

nez

دفن

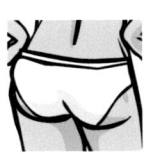

fesses

قوون

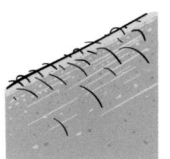

peau

چەرم

joue

روو

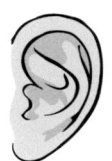

oreille

گووه

lèvre

لێڤ

bouche

دەف

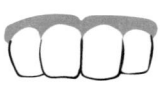

dent

دران

langue

زمان

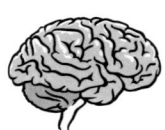

cerveau

مێژی

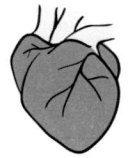

cœur

دل

muscle

ماسوول

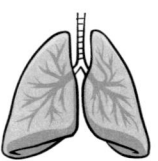

poumons

جیگەرا سپی

foie

جەمگەر

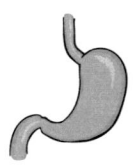

estomac

ماده

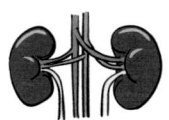

reins

گۆرچکان

rapport sexuel

جوتبوون

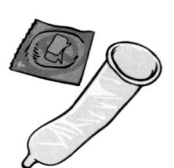

préservatif

کۆندۆم

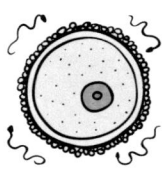

ovule

هێک

sperme

توف

grossesse

دووجانی

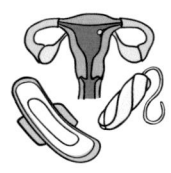

menstruation

ناده

vagin

زووق

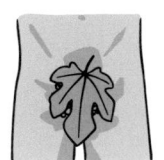

pénis

کیر

sourcil

بروو

cheveux

پۆر

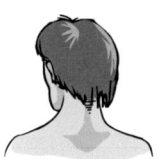

cou

هووستوو

hôpital
نەخوەشخانە

hôpital
نەخوەشخانە
ambulance
ئەرەبا نەخوەشان
fauteuil roulant
ئەرەبۆکا کوولەکان
fracture
شکەستە

médecin

بژیشک

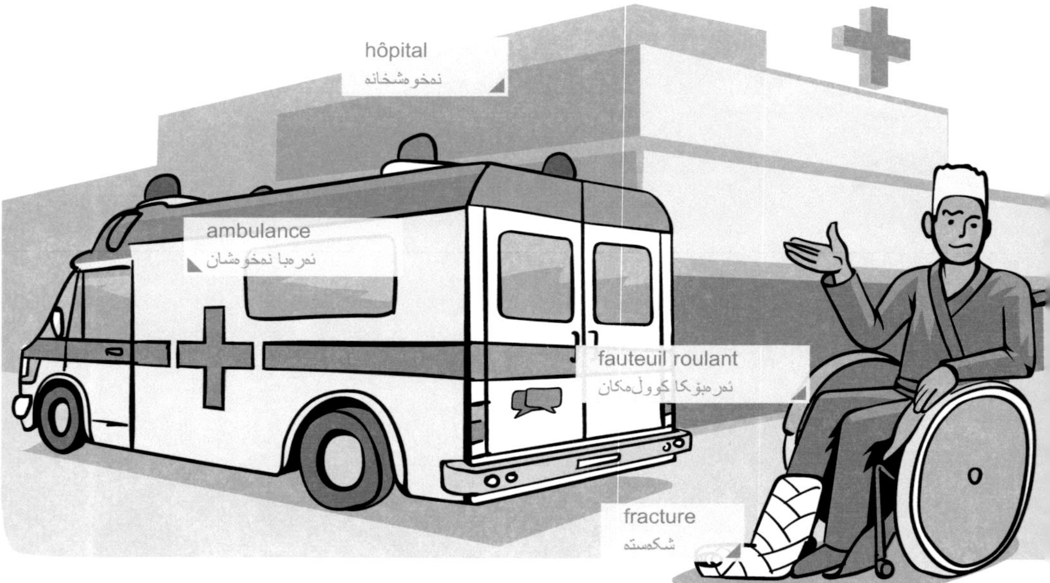

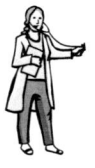

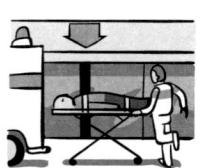

service des urgences

ئۆدا لەزگینی

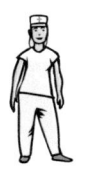

infirmière

نەخوەشیار

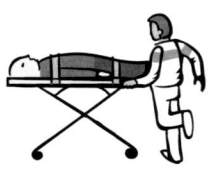

urgence

ئاجیلییەت

inconscient

بێهای

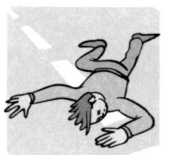

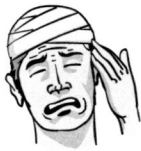

douleur

ئێش

blessure

برين

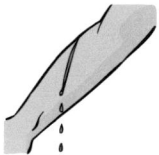

hémorragie

خوێنڕان

crise cardiaque

هێرشا دلی

attaque cérébrale

جەلتە

allergie

نالەرژی

toux

کوخک

fièvre

تا

grippe

زکام

diarrhée

ناقۆچووین

mal de tête

سەرێش

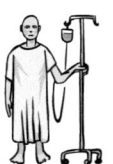

cancer

قانسێر

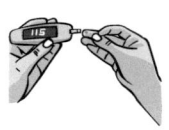

diabète

نەخۆشیا شەمکرئ

chirurgien

نەمەلیکار

scalpel

سکالپێل

opération

نەمەلی

CT

جت

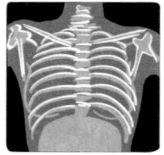

radiographie

سوورهتی رۆنتگێن

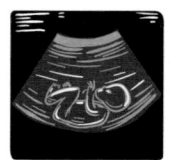

échographie

ئوولتراساوند

masque

ماسکێ رووییی

maladie

نهخوشی

salle d'attente

ئودا سمکنینێ

béquille

گرچان

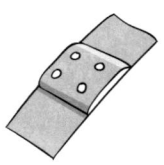

pansement

شێل

pansement

پاچی برینپێچانێ

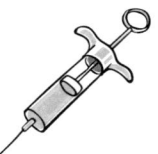

injection

دهرزی

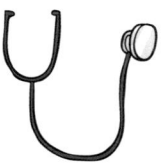

stéthoscope

بیستۆکا پزیشکی

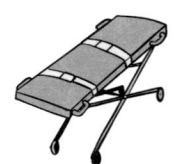

brancard

داربهست

thermomètre

تێهنپێڤا کلینیکی

accouchement

زایین

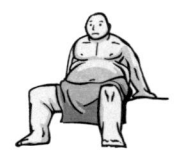

surcharge pondérale

قهلهو

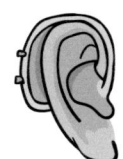

appareil auditif

ناليكاريا بهيستنئ

désinfectant

پاكتمريكوژ

infection

كۆتيبوون

virus

ڤيرووس

VIH / sida

هڤ / نادس

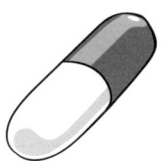

médicament

دەرمان

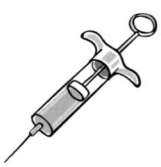

vaccination

كوتان

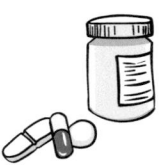

comprimés

همبان

pilule

همب

appel d'urgence

لمزگين

tensiomètre

ديمەندەرى پمستۆ خوين

malade / sain

نمخوەش / ساخ

Au secours !

هدوار!

alarme

نالارم

assaut

شىرىنت

attaque

نرىكشىرىت

danger

كوولات

sortie de secours

لجان اتنكمردد

Au feu!

نگار!

extincteur

ناگر قممراندتى

accident

ازدق

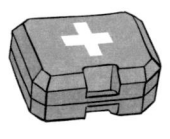

trousse de premier secours

مكمي اريكاليان نىتملان

SOS

سووس

police

پۇليس

Europe

ئەورۆپا

Amérique du Nord

ئامېریکایا باکوور

Amérique du Sud

ئامېریکایا باشوور

Afrique

نافریکا

Asie

ئاسیا

Australie

ناووسترالیا

Océan atlantique

ئاتلانتیک

Océan pacifique

ئۆكیانووسا مەزن

Océan indien

ئۆكیانووسا هندی

Océan antarctique

ئۆكیانووسا ئانتاركتیكا

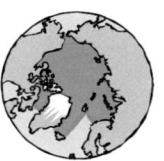

Océan arctique

ئۆكیانووسا ناركتیك

pôle nord

جمسمرا باکوور

pôle sud

جمهسمءرا باشوور

Antarctique

نانتاركتیكا

terre

نمرد

pays

ناخ

mer

بمهر

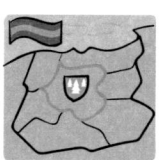

île

دوورگه

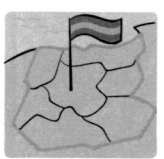

nation

مألعت

état

و ملات

cadran

ساعت یرووو

aiguille des heures

رویژمد اکردمناشن

aiguille des minutes

هقمد اکردمناشن

aiguille des secondes

هیناس اکردمناشن

Quelle heure est-il ?

هدننچ تنئس؟

jour

رۆژ

temps

مد

maintenant

اهن

montre digitale

لاتیجد ئتماس

minute

هقمد

heure

تنئس

semaine

هەفتە

lundi
دووشەم

mercredi
چوارشەم

vendredi
پێ/هەینی

MO

W

FR

TU

TH

SA

samedi
شەمی

SO

mardi
سێشەم

jeudi
پێنجشەم

dimanche
یەکشەم

hier
دوێنێ

aujourd'hui
ئیرۆ

demain
سبەی

matin
سەر

midi
نیوەڕۆ

soir
ئێوارە

MO	TU	WE	TH	FR	SA	SU
1	2	3	4	5	6	7
8	9	10	11	12	13	14
15	16	17	18	19	20	21
22	23	24	25	26	27	28
29	30	31	1	2	3	4

jours ouvrables
رۆژێن کاری

MO	TU	WE	TH	FR	SA	SU
1	2	3	4	5	6	7
8	9	10	11	12	13	14
15	16	17	18	19	20	21
22	23	24	25	26	27	28
29	30	31	1	2	3	4

week-end
داویا هەفتە

pluie
باران

arc-en-ciel
كەسكەسۆر

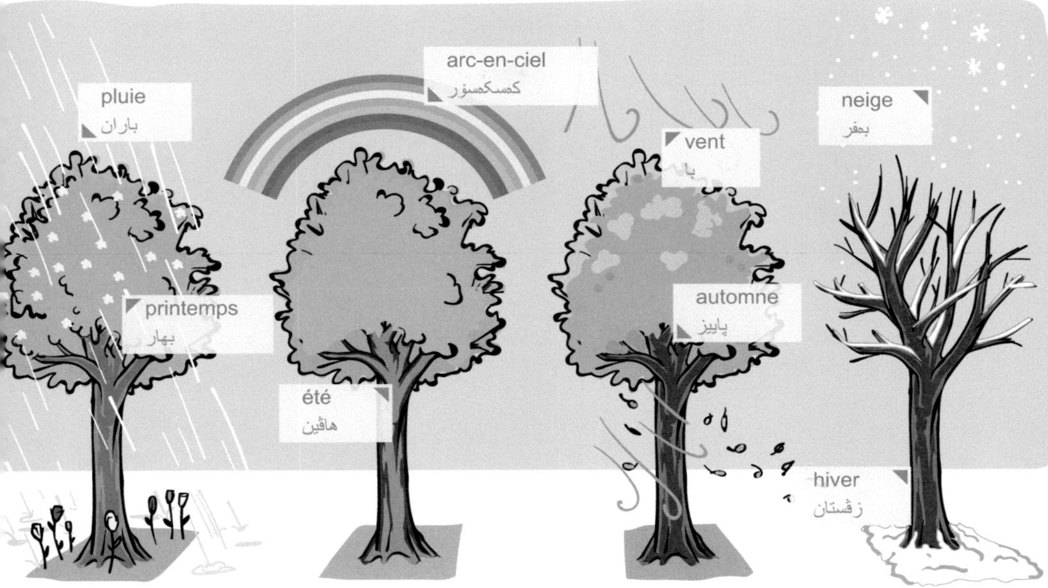

neige
بەفر

vent
با

printemps
بەھار

automne
پاییز

été
ھاوین

hiver
زۆستان

météo

پێشبینیا ھەوا

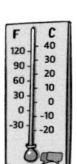

thermomètre

تەمھندێۆ

lumière du soleil

تاڤ

nuage

ھەور

brouillard

مژ

humidité

ھێمی

foudre

برق

tonnerre

بروسک

tempête

توَفان

grêle

تەرگ

mousson

مانسوون

inondation

لافاو

glace

جەمەد

janvier

ڕێبەندان

février

رەشەمە

mars

نەورۆز

avril

گوڵان

mai

جۆزەردان

juin

پووشپەڕ

juillet

گەلاوێژ

août

خەرمانان

septembre

رەزبەر

octobre

كۆچەر

novembre

سەرماوەز

décembre

بەفرانبار

formes

شێوه

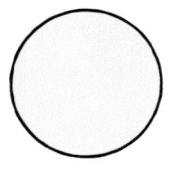

cercle

چەمبەر

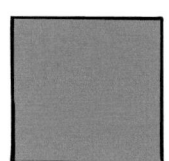

carré

چارچک

rectangle

چارقۆزی

triangle

سێگۆزی

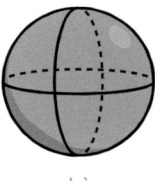

sphère

قادا

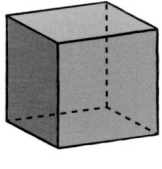

cube

خشتەک

couleurs
رەنگان

blanc

سپی

jaune

زەر

orange

پرتەقاڵی

rose

پەمەیی

rouge

سوور

violet

مۆر

bleu

شین

vert

کەسک

marron

قەهوەیی

gris

گەور

noir

رەش

beaucoup / peu

زۆر / کێم

fâché / calme

بە هێرس / بێدەنگ

joli / laid

بەمدەو / نەمرند

début / fin

دەستپێک / داوی

grand / petit

مەزن / بچووک

clair / obscure

رۆنی / تاری

frère / soeur

براک / خوشک

propre / sale

پاکژ / گرێژ

complet / incomplet

تەواو / نەتەمام

jour / nuit

رۆژ / شەو

mort / vivant

مری / زندی

large / étroit

فرە / تەنگ

comestible / incomestible

خوش / نەخوش

méchant / gentil

نمباش / باش

excité / ennuyé

ب هەیەجان / ناجز

gros / mince

قەلەو / زراف

premier / dernier

یەکەمین / داوین

ami / ennemi

هەڤال / دژمن

plein / vide

تژی / ڤالا

dur / souple

رەق / نەرم

lourd / léger

گران / سڤک

faim / soif

برچی / تینی

malade / sain

نەخوش / ساخ

illégal / légal

نەقانوونی / قانوونی

intelligent / stupide

رەوشەنبیر / بالوولە

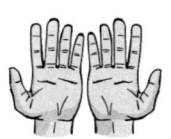

gauche / droite

چەپ / راست

proche / loin

نێزی / دوور

nouveau / usé

نوو / بکارهاتی

rien / quelque chose

هیچ / تشتمک

vieux / jeune

کال / جوان

marche / arrêt

ل / ژ

ouvert / fermé

فمکری / گرتی

faible / fort

نارام / دمنگبلند

riche / pauvre

دمولممند / رمیمن

correct / incorrect

راست / شاش

rugueux / lisse

در / هلوو

triste / heureux

خمگین / شا

court / long

کورت / دریژ

lent / rapide

هۆدی / زوو

mouillé / sec

شل / زوا

chaud / froid

گەرم / هۆنک

guerre / paix

شەڕ / ئاشتی

nombres

هەژمارەکان

0

zéro

سفر

1

un / une

یەک

2

deux

دوو

3

trois

سێ

4

quatre

چوار

5

cinq

پێنج

6

six

شەش

7

sept

حەوت

8

huit

هەشت

9

neuf

نۆ

10

dix

دە

11

onze

یازدە

12

douze

دازده

13

treize

سیزده

14

quatorze

چارده

15

quinze

پازده

16

seize

شازده

17

dix-sept

همفده

18

dix-huit

همژده

19

dix-neuf

نۆزدهم

20

vingt

بیست

100

cent

سەد

1.000

mille

همزار

1.000.000

million

ملیۆن

anglais

نینگلیزی

anglais américain

ننگلیزیا نامهریکی

chinois mandarin

چینی ماندارین

hindi

هیندی

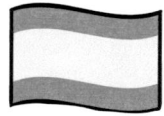

espagnol

نیسپانیولی

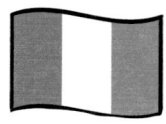

français

فرهنسی

arabe

نهربی

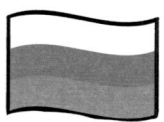

russe

رووسی

portugais

پؤرتوگالی

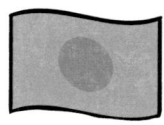

bengali

بهنگالی

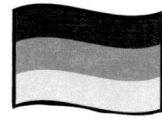

allemand

نهلمانی

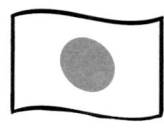

japonais

ژاپؤنی

qui / quoi / comment

کی / چ / چاوا

je

من

tu

تو

il / elle / ce, c', cela

نمو / نمف / نمو

nous

نمم

vous

تو

ils / elles

نمو

Qui ?

کی؟

Quoi ?

چ؟

Comment ?

چاوا؟

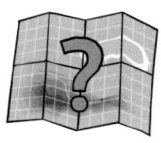

Où ?

کیدهرئ؟

Quand ?

کمنگی؟

nom

ناڤ

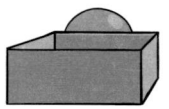

derrière

پشتی

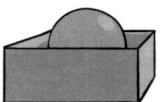

dans

devant

پیشی

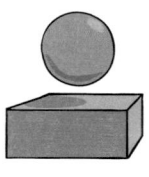

au-dessus

سمر

sur

سمر

en-dessous

بن

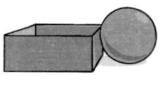

à côté de

کئلمک

entre

نافیمر

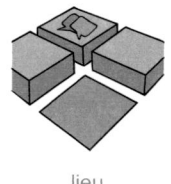

lieu

جه